ALEXANDER GRETCHANINOFF

1864 – 1956

Das Kinderbuch

Livre d'enfants · Childrens Book

15 STÜCKE FÜR KLAVIER

opus 98

ED 1100

ISMN 979-0-001-03257-5

SCHOTT

Mainz · London · Berlin · Madrid · New York · Paris · Prague · Tokyo · Toronto

Das Kinderbuch

Livre d'enfants   –   Children's Book

Revidiert von J. Kilp

Alexander Gretchaninoff, opus 98

Ein kleines Märchen

Conte de fée   –   Fairy Tale

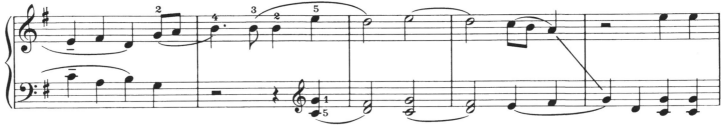

Im Lager der Zinnsoldaten

Au camp des soldats de plomb – The Tinsoldiers in Camp

Die Zinnsoldaten marschieren

Les soldats de plomb en marche – The Tinsoldiers marching

4

Abschied
Adieux – Farewell

Steckenpferdchen hopp-hopp-hopp
Hop, hop, hop Dada – Riding the Hobby-Horse

Zu weit geritten.
La chevauchée dépasse le but. — Too far gone.

trotzdem glücklich wiedergekommen.
tout est bien qui finit bien. — inspite of it happily returned.

Auf der Waldwiese
Sur le pré des bois — In the Woodland Glade

6

Njanja ist krank

Njanja est tombée malade – Njanja being ill

Eine langweilige Schularbeit

Un devoir ennuyeux – A tiresome Lesson

gelangweilt
avec lassitude — bored

Wiegenlied
Berceuse – Lullaby

8

Ein kleines Tänzchen
Petite danse – A little Dance

Eine schreckliche Begebenheit
Un évènement épouvantable – A terrible Event

Etüde

Etude — A Study

Nach dem Balle

Après le bal – After the Ball

Auf der Wanderschaft

Le petit chemineau – The little Traveller

Der kleine Gernegroß
Que ne suis-je grand! – The little would-be Man

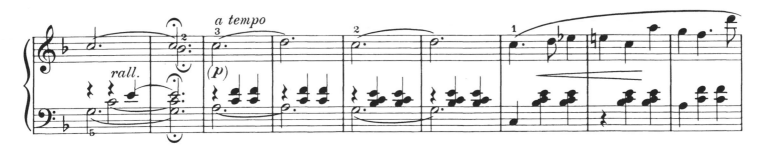

Schott Music, Mainz 31 171

INDEX